Klaus Puth · Katharina Kah

Bauer Martin
Ungeheuerliches vom Hof

Impressum:
Bauer Martin
Ungeheuerliches vom Hof
Autorin: Katharina Kah
Illustrationen: Klaus Puth
DLG-Verlag GmbH, Frankfurt am Main
1. Auflage 2011
ISBN 978-3-7690-0795-4

Nicht weit vom Strand, am Ende einer langen wunderschönen Pappelallee, in deren Blättern sich der Sommerwind leise rauschend verfängt, befindet sich ein abenteuerlich ungeheuerlicher Bauernhof. Es ist der Bauernhof von Bauer Martin und seiner Familie. Dort steht ein altes Bauernhaus mit einem großen Vorplatz, auf dem durch stetes Kommen und Gehen immer was los ist:

Auf diesem Platz tummeln sich spielende Kinder, Tiere werden darübergeführt, der Postbote bringt Briefe, manchmal fährt ein Traktor ab, um die Felder zu bestellen, oder biegt um die Ecke, um geerntetes Getreide einzulagern ... oder Feriengäste kommen mit vollgepackten Koffern. Manchmal kommt auch der Hufschmied oder der Tierarzt, manchmal die Großmutter oder einfach nur ein heftiges Gewitter, welches den Platz in Kürze wieder leerfegt.

Und wenn man ganz viel Glück hat, begegnet man dem Hofungeheuer Jürgen. Vor Jürgen muss sich niemand fürchten, denn das Hofungeheuer ist so etwas wie der gute Geist des Hofes. Er gibt acht, dass die Kinder ordentlich toben, die Vorratskammer mit Eis und Limonade stets bis unter die Decke gefüllt ist und die Spielgeräte, wie Trampeltraktoren, Schubkarren und Kettcars, abends ordentlich in den Schuppen geräumt sind.

Bauer Martin ist mit Leib und Seele Bauer, hat eine liebe Frau, die alle umsorgt, zwei Kinder, die gerne Streiche aushecken, und eine Menge Tiere.

Wie alle Bauern hat Bauer Martin rund um seine Tiere und Felder viel zu tun. Täglich füttert er die Tiere, kümmert sich um deren Ställe, holt morgens die Eier von den Hühnern und repariert nachmittags die Zäune der Ziegen und Schafe.

Zuweilen liegt er gerne in einer zwischen zwei Pappeln aufgespannten Hängematte. Doch dafür ist eigentlich nur selten Zeit. Denn selbst wenn die Arbeit geschafft ist, gibt es immer etwas zu tun.

So muss er die frechen Katzen aus den Strandkörben verjagen, ausgebüchste Schweine einfangen oder Reparaturen auf dem Abenteuerspielplatz seines Hofes durchführen.

Und dann sind da noch Bauer Martins Feriengäste, die das ländliche Leben mit den Tieren hautnah erfahren wollen und deshalb ihren Urlaub auf Martins Hof verbringen:

So dürfen die kleinen Urlauber morgens bei der Fütterung der Tiere helfen und im Hühnerstall Eier einsammeln, während sich die Großen bei einem Kaffee in der Morgensonne entspannen.

Später bauen die Kleinen auf dem riesigen Sandhaufen des Abenteuerspielplatzes gigantische Burgen, hüpfen im Schatten zweier großer Kastanienbäume Trampolin und die großen Urlauber treffen sich auf ein Schwätzchen.

Bauer Martin ist also ein ganz normaler und dennoch ein ganz besonderer Bauer: mit Tieren und Feldern, den Feriengästen und schließlich seinem Freund, Hofungeheuer Jürgen, der in einem Seerosenteich zwischen den bestellten Feldern mit seiner Freundin Pauline wohnt. Jürgen ist deswegen ein besonderes Ungeheuer, weil er ungeheuer schlau, ungeheuer wissbegierig und technisch ungeheuer gut ausgestattet ist. So möchte Hofungeheuer Jürgen an diesem Tag mit seiner Freundin Pauline als Reporter für „Bauer-Martin TV" mit Kamera und Laptop eine wichtige Frage beantworten: „Guten Tag, meine verehrten Zuschauerinnen und Zuschauer, hallo, liebe Kinder! Wir sind für Bauer-Martin TV wieder live unterwegs", beginnt Jürgen, das Hofungeheuer. „Heute werde ich für Euch in der Sendung **Ungeheuerliches vom Hof** eine wichtige Frage beantworten — genau hier auf dem Hof meines Freundes Bauer Martin." Er blickt geheimnisvoll in die Kamera, die Pauline auf ihn richtet, und fährt fort:

„Als ich heute Morgen aus meinem Seerosenteich aufgetaucht bin, hing in den Blättern meiner schönsten Seerosenblüte ein Schokoladenpapier, das der Wind von Bauer Martins Hof herübergepustet haben muss. So eine ungeheuerliche Verschmutzung! Noch ungeheuerlicher ist nun folgende Frage: Welcher Hofbewohner mag gerne Schokolade und kommt dann vor lauter Spielen nicht dazu, das Papier in den Abfalleimer zu werfen?"

„Hallo, Bauer Martin!",

ruft Hofungeheuer Jürgen und winkt mit der einen Hand aufgeregt seinem Freund zu, während er in der anderen Hand sein Haustier Benny, einen kleinen grünen Laubfrosch, spazieren trägt.

„Moin, Moin, Hofungeheuer Jürgen, das ist aber eine Überraschung, Dich hier zu sehen!" – „Wir sind einem ungeheuerlichen Rätsel auf der Spur! Könntest Du uns auf deinem Hof herumführen, um uns deine Tiere vorzustellen?", fragt ihn das Hofungeheuer beinahe ein wenig ungeduldig. Dabei platzt ihm mal wieder ein Knopf von dem Hosenträger, wie immer, wenn gerade etwas ganz Aufregendes passiert.

„Nun, eigentlich hatte ich gerade vor, auf den Feldern nach dem Rechten zu sehen. Die Rehe fressen seit einigen Tagen den Mais auf meinem Feld. Und ich glaube, ich muss den Mais einzäunen, damit sie ihn nicht zu sehr schädigen, denn sonst wird die Ernte im Herbst schlecht ausfallen. Aber ein paar Minuten habe ich für Euch Zeit!", erwidert Bauer Martin, und sie gehen gemeinsam zu den Ställen.

Im Hof laufen ihnen die beiden Kater Max und Moritz über den Weg.

„Entschuldigen Sie bitte, sehr geehrter Herr Kater Max, fressen Sie gerne Obst, Gemüse, Getreide und Schokolade und spielen am liebsten den ganzen Tag?", beginnt Hofungeheuer Jürgen seine Nachforschungen.

„BRRRRRRRRRRRRRR!", antwortet Kater Max schnurrend. „Spielen schon, aber ich fresse am liebsten Mäuseleberpastete. Sehr, sehr lecker!" – „Miao!", ruft Kater Moritz, „ich auch!"

„Unsere Kater thronen oft auf den Hasenställen und genießen die Sonne und so manche Streicheleinheiten der Kinder. Aber sie sind immer wachsam und bereit, mit einem Sprung eine Maus zu fangen", berichtet Bauer Martin. „Denn alle Ställe müssen mäusefrei bleiben, damit die Tiere keine Krankheiten von den Mäusen bekommen."

„Gut. In diesem Fall liegen wir also falsch!", stellt Hofungeheuer Jürgen fest. „Versuchen wir es weiter!" Er blickt aufmunternd in die Kamera. Ein Bein des Laubfrosches schaut dabei aus seiner Hosentasche. Benny kriecht erst beim Gehen wieder aus seinem Versteck hervor. Er ist vorsorglich in Deckung gegangen, denn Kater und Katzen jagen gelegentlich auch Vögel und Blindschleichen. Und vielleicht sind sie auch bei kleinen, grünen Fröschen nicht abgeneigt …

Alle drei laufen gemeinsam an den Reitplätzen vorbei, um in den Pferdeställen die Pferde zu befragen.

„Also, wiiiieehhher fressen gerne Äpfel und Karotten und natürlich viel, viel Heu", schnauben die Ponys Lilly und Abraxas und stampfen kräftig mit ihren Hufen auf. „Aber anstatt zu spielen, arbeiten wir lieber. Sie müssen wissen, dass die Kinder auf uns das Reiten und Voltigieren erlernen dürfen!"

„Und wiiiieehhher machen mit den erfahreneren Reiterinnen und Reitern Ausritte ins Gelände oder zum Strand", melden sich die Pferde Antares und Phönix zu Wort. „Wenn es nicht zu warm ist, macht das allen Beteiligten einen riesigen Spaß. Wiiiieehhher fressen lieber eine Ladung Heu mit ein wenig Hafer."

„Und wie ich hier vor Ort sehe, lernen die Kinder sogar das Striegeln, Zäumen und Satteln. Vorsicht da hinten! Das sieht gefährlich aus, wenn das Pferd die Hufe ausgekratzt bekommt." – „Nein, mach Dir keine Sorgen! Kinder und Pferde wissen genau, wie man sich im Stall verhält: Immer langsam, vorausschauend, mit ruhiger Stimme und Körperkontakt", erklärt Bauer Martin. „Hier wird mir im Urlaub entschieden zu viel gearbeitet. Gehen wir schnell weiter." Dabei kann Jürgen nicht verbergen, dass ihm die Pferde nicht ganz geheuer sind.

Hinter dem Bauernhaus gibt es ein umzäuntes Hangstück mit einem eigens für die Ziegen angelegten Kletterberg. Bauer Martin, Pauline und das Hofungeheuer Jürgen versuchen nun dort ihr Glück. Auch Bauer Martin ist gespannt und dreht seine Schirmmütze nach hinten. Pauline bringt die Kamera in Position und Hofungeheuer Jürgen … springt Benny hinterher, der in einem unbeobachteten Moment mit einem blitzschnellen Hüpfer einen kurzen Ausflug auf diese herrliche grasgrüne Wiese macht. Daraufhin führt Pauline kurzerhand die Befragung der Ziegen durch.

„Määääääh, wir fressen alles, Gras, Blätter, Kastanien, gerne auch mal eine saftige Möhre. Am liebsten schlecken wir das Salz von der Haut Ihrer Hand.

Und spielen? Dafür ist keine Zeit, wir kämpfen täglich mit unseren Hörnern um den besten Aussichtsplatz. Schauen Sie doch, das hier ist der beste Platz!", meckern die Ziegen Ernie und Bert, die stolz und erhaben auf dem Kletterberg in ihrem großzügigen Gehege stehen.

„Da haben wir wohl wieder Pech!" Hofungeheuer Jürgen zuckt mit den Schultern, aber sichtlich froh, Benny wieder sicher in seiner Obhut zu haben. „Versuchen wir es bei den Schweinen dort drüben. Vielleicht haben wir dort Schwein!?", und lacht sich dabei ins Fäustchen.

Die Schweine Fred und Frieda sind viel zu gierig und haben überhaupt keine Zeit zu antworten. Sie nehmen keinerlei Notiz von Hofungeheuer Jürgen und stecken nur ihre Rüssel neugierig durch das Eisengestänge, immer aufgeregt schnüffelnd auf der Suche nach irgendetwas Essbarem.

„Diese beiden fressen alles. Generell alles. Hmm, ja", überlegt Bauer Martin, „und im Anschluss schlafen sie lieber, als zu spielen", erklärt er dann. „Und gelegentlich büchsen sie einfach aus ihrem Stall aus. Stellt Euch vor, dann muss ich sie wieder einfangen! Schweine sind ungeheuer flink und ungeheuer schlau. Da muss man schnell und geschickt sein, um sie einzufangen und wieder in ihren Stall zurückbringen zu können."

Als wollte Frieda dies beweisen, zwängt sie sich augenblicklich durch eine kleine Lücke im Gatter und rast über den Hof. Blitzschnell reagieren Bauer Martin und Hofungeheuer Jürgen und nehmen ihre Verfolgung auf. Benny, der Laubfrosch, hüpft auf Paulines Kamera, die Friedas Ausflug aus dem Schweinestall filmt.

„Das ist ja ungeheuerlich",

freut sich Hofungeheuer Jürgen, als sie Frieda wieder eingefangen haben und die Stalltür sicher hinter ihr schließen.

Die Hasenkinder Piccolo und Mummel können nicht antworten, weil sie gerade von ihrer Mama gesäugt werden. Die Kaninchen mit den Namen Fußball und Torwart sitzen im Stroh und knabbern genüsslich an trockenen Brötchen. Die Hühner Spiegel und Ei scharren unbeirrt im Boden auf der Suche nach dicken Samenkörnern und saftigen Regenwürmern.

„Hmm, hmm, unser Rätsel ist doch schwieriger, als ich gedacht habe", überlegt Hofungeheuer Jürgen und hält sich seine Hose fest, denn einen Knopf hat er ja bereits verloren. „Kaninchen und Hasen haben ein dichtes Fell, Hühner haben Federn. Weder die einen noch die anderen sieht man den ganzen Tag spielen", schlussfolgert er und setzt Benny auf seinen Kopf. Er beugt sich noch einmal zu den Kaninchenställen herunter, sodass er und Benny die kleinen Mümmelmänner noch für einen Augenblick durch den Maschendraht der Türen beobachten können.

„Wie süß die kleinen Flauschbälle umherhoppeln", flüstert er leise Benny zu, der ihm mit einem zustimmenden „Quaaaak" antwortet.
„Aber auf ihrem Speiseplan steht niemals Schokolade", bemerkt Bauer Martin, während er seine Mütze hebt und sich nachdenklich am Kopf kratzt. „Gehen wir jetzt schnell zu den Schafen rüber", besinnt sich Hofungeheuer Jürgen und möchte nun keine weitere Zeit verlieren, denn das Rätsel entpuppt sich in diesem Moment tatsächlich schwieriger als erwartet.

Auf einer Wiese neben den uralten Pappeln liegt das Schafgehege. In einem Unterstand ruhen die Muttertiere mit ihren Lämmchen. Sie meiden die Mittagssonne und bevorzugen ein schattiges Plätzchen.

„Wir dürfen ihnen nicht zu nahe kommen", erklärt Bauer Martin, „ihre Jungen sind nur wenige Tage alt und sowohl die Kleinen als auch die Muttertiere können nun keine Aufregung gebrauchen."
Also bleiben sie hinter dem Zaun und befragen die Schafe aus sicherer Entfernung.

Die Schafe Isa und Bella blöken höflich, aber kopfschüttelnd: „Nääh, nee, nee, also wir sind glücklich mit Gras, Gras, Gras auf einer frischen saftigen Wiese. Schauen Sie uns doch an, wenig Haare haben wir nur im Sommer, kurz nachdem uns das Fell geschoren wurde. Und im Übrigen, was ist eigentlich Schokolade?"

Der Hofhund Tapsi ist ihnen gefolgt und wedelt aufgeregt mit dem Schwanz: „Wuff, wuff, ich fresse gerne alle Arten von frischem Fleisch, und Stöckchen holen könnte ich den ganzen Tag spielen."
„Und für Lutscher und Schokolade würde er sogar Männchen machen! Aber die darf er nicht fressen, weil er sich ja nicht die Zähne putzen kann und sonst sehr schlechte Zähne bekäme", verrät Bauer Martin.

Nachdem die drei bei den Katzen, Pferden und Schweinen ihre Nachforschungen angestellt hatten, sie bei den Ziegen, Schafen, Hühnern, Hasen und Kaninchen keine Lösung herbeiführten und ihnen selbst der Hofhund Tapsi nicht weiterhelfen konnte, stehen sie nun ratlos und ein wenig enttäuscht auf Bauer Martins Hof.

Hofungeheuer Jürgen blickt noch einmal zurück: „Es gibt große und kleine Tiere; Tiere mit Hufen oder Rüsseln, Schweif oder Ringelschwänzen, Klauen oder Borsten, Hörnern oder Schnäbeln. Alle Tiere trinken am liebsten Wasser, manche fressen gern Mäuse, manche Obst oder Gemüse, andere Samenkörner, Heu oder Hafer. Aber Schokolade? Niemand frisst Schokolade! Damit bleibt unser Rätsel für heute wohl leider ungelöst", und möchte damit seine Reportage beenden.

Da hebt Pauline plötzlich den Zeigefinger und übernimmt die Berichterstattung von Bauer Martins Hof. Sie fasst kurzerhand zusammen:

„Wir suchen also einen Hofbewohner, der gerne Schokolade mag und vor lauter Spielen nicht dazu kommt, das Schokoladenpapier in den Mülleimer zu werfen, sondern es einfach fallen lässt, äh …?" Sie blickt auf dem Hof in die Runde. „Natüüüürlich!", ruft Pauline und zeigt aufgeregt hinüber in Richtung Sandburg auf dem Abenteuerspielplatz, gleich neben den Schaukeln: „Menschenskinder, war das schwer!" Pauline hüpft vor Freude und schwenkt die Kamera.

„Der kleine Tom!",

rufen alle drei gleichzeitig wie aus einem Mund.

Sie schauen zu dritt hinter den Strandkörben hervor und bestaunen den kleinen Jungen, der die Welt um sich herum erkundet: Auf einer Picknickdecke findet er zwischen Brötchen, Äpfeln und Karotten schließlich ein leckeres Stück Schokolade, das er sich mit einem Lachen in den Mund steckt.

„Nach langen Anstrengungen haben wir des Rätsels Lösung gefunden!", schließt Hofungeheuer Jürgen nun doch erfolgreich seine Reportage. Erleichtert wirft er die Arme in die Luft und Benny in die Höhe. „Habe ich das nicht wieder perfekt gelöst?"

Du?, denkt sich Pauline und blickt zu Bauer Martin hinüber, der ihr verschmitzt zuzwinkert, während Hofungeheuer Jürgen gelassen fortfährt:

„Meine verehrten Zuschauer, liebe Kinder, das war wieder ein Abenteuer mit Martins Hofungeheuer, **Ungeheuerliches vom Hof**. Bis zum nächsten Mal auf diesem Kanal. Ich gebe nun zurück ins Studio von Bauer-Martin TV."

„Und morgen mache ich mit allen Kindern eine ungeheuer abenteuerliche Traktor-Fahrt mit Anhänger über die holprigen Wege durch meine Felder zum Seerosenteich, wo wir Hofungeheuer Jürgen und seine Freundin Pauline in ihrem Zuhause besuchen.

Das wird bestimmt ein ungeheuerlicher Spaß … und vergesst Eure Badesachen nicht!"